UN VACCIN POUR QUOI FAIRE ?

de **Angèle Delaunois**

illustré par **François Thisdale**

Ombilic

Déjà parus dans la collection Ombilic:

GRAND MÉCHANT RHUME
ENVIE DE PIPI
OUILLE MES OREILLES
ROTS, PETS ET PETITS BRUITS
SOS ALLERGIES
MANGER BIEN, C'EST BIEN MIEUX!
DES BELLES DENTS TOUT LE TEMPS
POUX, PUCES ET COMPAGNIE
UN VACCIN POUR QUOI FAIRE?

Titres à venir:

BLEUS, BOSSES ET BOBOS
POURQUOI DES LUNETTES?

À Ginette Potvin et Rinda Hartner,
les artistes des vaccins.

LORSQUE TU ES MALADE, CE N'EST PAS AGRÉABLE. TU DOIS RESTER À LA MAISON AU LIT, SANS FORCE. TU AS DE LA FIÈVRE, DES BOUTONS QUI TE DÉMANGENT SUR LE CORPS, OU ENCORE TU TOUSSES TOUT LE TEMPS. TU PRÉFÈRES SÛREMENT JOUER AVEC TES COPAINS OU MÊME ALLER À L'ÉCOLE !

MAMAN

Dans l'ancien temps, les enfants et les adultes étaient bien plus souvent malades qu'aujourd'hui parce que les vaccins n'avaient pas encore été inventés.

J'AI MAL!

CHAQUE MALADIE EST CAUSÉE PAR UN MICROBE QUI SE TRANSMET SUPER FACILEMENT. SI TON COPAIN A ATTRAPÉ UNE MALADIE, IL Y AURA DES MICROBES DANS SA SALIVE, DANS SON NEZ, SUR SA PEAU, SUR SES MAINS, SUR LES OBJETS QU'IL AURA TOUCHÉS ET MÊME DANS L'AIR S'IL TOUSSE OU S'IL ÉTERNUE.

DÈS QUE TU ENTRES EN CONTACT AVEC LE MICROBE,
HOP, IL RENTRE DANS TON CORPS À TOI,
MÊME SI TU NE L'AS PAS INVITÉ.
TU NE T'EN RENDS MÊME PAS COMPTE.

C'est très facile d'attraper une maladie contagieuse !

Alerte!

Les microbes

attaquent!

C'EST MINUSCULE UN MICROBE. TU NE PEUX LE VOIR QU'AVEC UN MICROSCOPE. À L'INTÉRIEUR DE TON CORPS, IL FAIT CHAUD ET HUMIDE. LE MICROBE EST TRÈS CONTENT D'Y ÊTRE CAR IL EST BIEN À L'ABRI ET IL TROUVE TOUTE LA NOURRITURE QU'IL LUI FAUT POUR SE MULTIPLIER À TOUTE ALLURE.

En quelques heures ou quelques jours,
les quelques microbes qui ont réussi à pénétrer
dans mon corps seront devenus des millions.

Je ne peux pas compter tout ça!

MAIS LE CORPS HUMAIN EST SUPER BIEN ÉQUIPÉ. DÈS QU'IL EST EN CONTACT AVEC UN MICROBE, IL SE MET À FABRIQUER DES PETITS SOLDATS TRÈS SPÉCIAUX, LES ANTICORPS.

LE TRAVAIL DES ANTICORPS, C'EST D'ÉLIMINER LES MICROBES.

Quelle

Par exemple, si le virus qui cause la varicelle pénètre dans mon corps, je vais fabriquer toute une armée de super soldats anti-varicelle. Et je vais avoir des bataillons d'anticorps spéciaux pour chaque microbe que je vais affronter.

Mais ça peut prendre quelques jours avant de gagner la bataille.

bagarre!

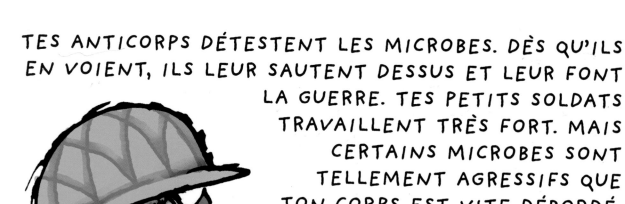

TES ANTICORPS DÉTESTENT LES MICROBES. DÈS QU'ILS EN VOIENT, ILS LEUR SAUTENT DESSUS ET LEUR FONT LA GUERRE. TES PETITS SOLDATS TRAVAILLENT TRÈS FORT. MAIS CERTAINS MICROBES SONT TELLEMENT AGRESSIFS QUE TON CORPS EST VITE DÉBORDÉ. IL NE PARVIENT PAS À FABRIQUER ASSEZ VITE LES ANTICORPS SPÉCIAUX.

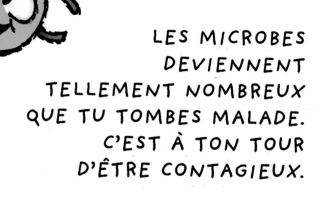

LES MICROBES DEVIENNENT TELLEMENT NOMBREUX QUE TU TOMBES MALADE. C'EST À TON TOUR D'ÊTRE CONTAGIEUX.

Si je suis contagieux,
ça veut dire que je peux donner la maladie
à tous ceux qui sont autour de moi.

MÉCHANT CADEAU !

Le moyen le plus simple et le plus efficace pour éviter tout cela, c'est de me faire vacciner. Mais c'est quoi au juste un vaccin ?

LES VACCINS SONT FABRIQUÉS DANS DES LABORATOIRES SOUS TRÈS HAUTE SURVEILLANCE. ON CONTRÔLE TOUT, TOUT, TOUT ! À TRAVERS LE MONDE, BEAUCOUP DE SAVANTS TRAVAILLENT TRÈS FORT POUR TROUVER DES VACCINS CONTRE DES MALADIES QU'ON NE SAIT PAS ENCORE GUÉRIR COMME LE SIDA OU LE CANCER.

QUEL SUPER TRAVAIL

LES SCIENTIFIQUES DES LABORATOIRES CULTIVENT
DES MICROBES DANS DES BOÎTES SPÉCIALES. PAR DIFFÉRENTS
PROCÉDÉS, ILS ENLÈVENT AUX MICROBES TOUT CE QUI LES
REND DANGEREUX. UN PEU COMME SI TU VIDAIS UN ŒUF
ET QUE TU NE GARDAIS QUE LA COQUILLE. ENSUITE, ILS
COPIENT CES MICROBES GENTILS POUR EN AVOIR ASSEZ.
POUR FINIR, ILS MÉLANGENT CES FAUX MICROBES
À DES LIQUIDES SPÉCIAUX POUR FABRIQUER LE VACCIN.
ET C'EST CE MÉLANGE QUI SERT
À LA VACCINATION.

C'est un peu comme si je diluais un verre de jus d'orange dans mille verres d'eau. À la fin, l'eau n'aura ni le goût ni la couleur de l'orange, mais il en restera quand même un tout petit peu.

DRÔLE DE CUISINE!

LORSQUE LE VACCIN EST INJECTÉ DANS TON CORPS, CELUI-CI EST TOUT DE SUITE EN ALERTE. IL SAIT QU'UN MICROBE INCONNU VIENT D'ARRIVER ET HOP! IL SE MET À FABRIQUER TOUT DE SUITE SES BATAILLONS D'ANTICORPS SUPER SPÉCIAUX AFIN DE LE COMBATTRE.

Mais comme le microbe contenu dans le vaccin
est un faux microbe, il ne pourra pas me rendre malade

Ça c'est fort!

et il n'y aura pas
de grande bataille.

TON CORPS EST ENCORE PLUS FORT QUE TU LE PENSES. IL VA GARDER EN RÉSERVE LES BATAILLONS D'ANTICORPS QU'IL VIENT DE FABRIQUER. ET LORSQUE LE VRAI MÉCHANT MICROBE SE POINTERA SANS CRIER GARE, TON ARMÉE DE PETITS SOLDATS SERA TOUT DE SUITE PRÊTE À LE COMBATTRE. ET TU NE SERAS MÊME PAS MALADE CAR LE MICROBE N'AURA PAS EU LE TEMPS DE SE MULTIPLIER.

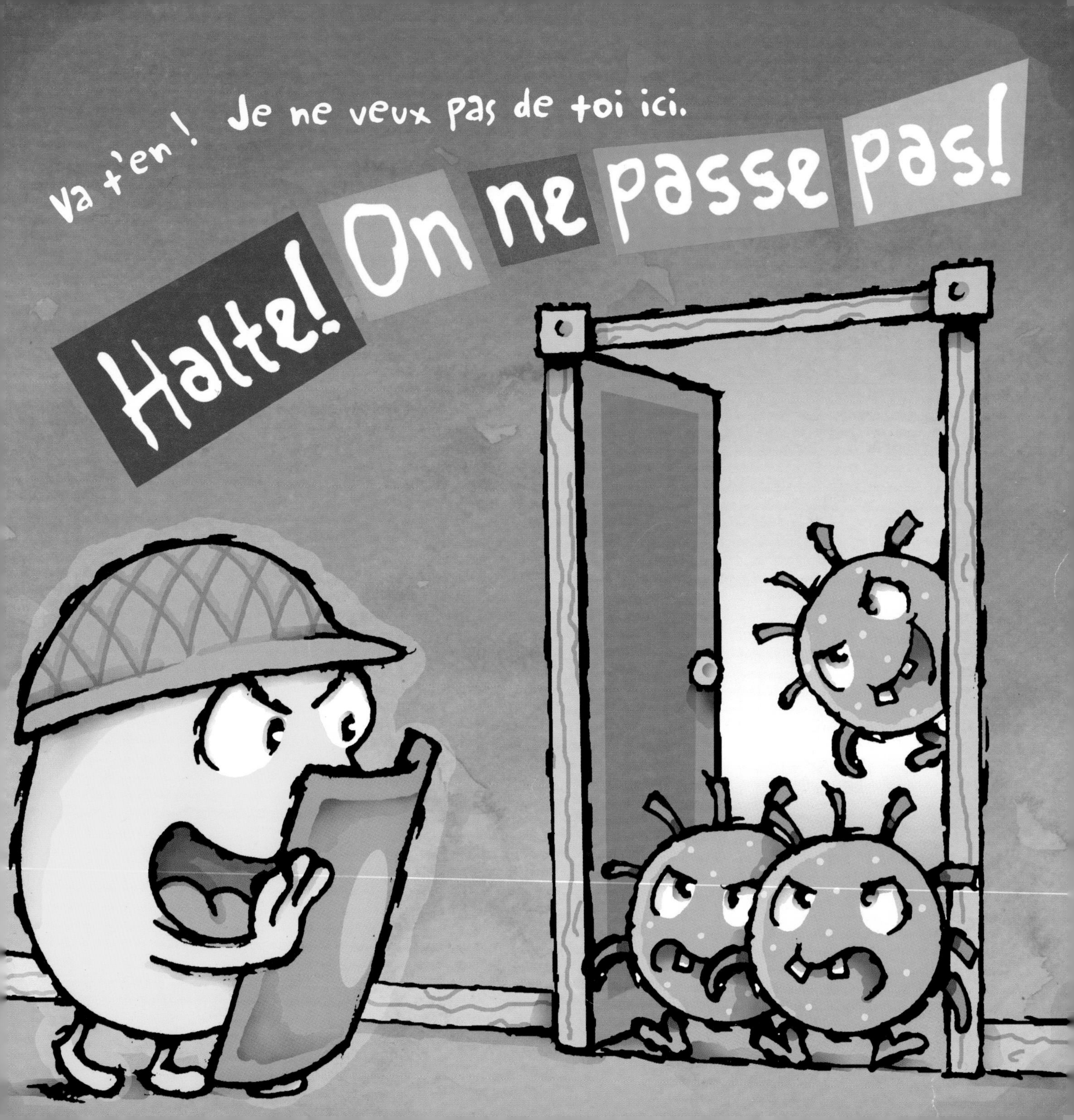
Va t'en ! Je ne veux pas de toi ici.
Halte! On ne passe pas!

QUELQUEFOIS, TES PETITS SOLDATS SUPER SPÉCIAUX S'ENNUIENT. QUAND ILS N'ONT RIEN À FAIRE, ILS DEVIENNENT MOINS VIGILANTS. AU BOUT D'UN CERTAIN TEMPS, ILS S'ENDORMENT. C'EST POUR CETTE RAISON QU'IL FAUT RECOMMENCER CERTAINS VACCINS, AFIN DE RAFRAÎCHIR LA MÉMOIRE DE TES ANTICORPS.

C'EST CE QU'ON APPELLE « FAIRE UN RAPPEL DE VACCINATION ».

IL Y A BEAUCOUP DE MALADIES QU'ON PEUT ÉVITER GRÂCE AUX VACCINS. CERTAINES D'ENTRE ELLES ONT MÊME PRESQUE COMPLÈTEMENT DISPARU DE LA PLANÈTE. IL N'Y A PAS SI LONGTEMPS, CES MALADIES FAISAIENT MOURIR OU RENDAIENT INFIRMES BEAUCOUP DE GENS. DANS CERTAINS PAYS QUI N'ONT PAS ENCORE ACCÈS À LA VACCINATION, DES MILLIONS D'ENFANTS SONT TRÈS MALADES. ILS ONT DES MALADIES CONTRE LESQUELLES TU ES BIEN PROTÉGÉ PARCE QUE TU AS ÉTÉ VACCINÉ.

rubéole

oreillons

Pas sympas du tout,

Rage, diphtérie, coqueluche, tétanos, polio, méningite, hépatite, typhoïde, rougeole, rubéole, oreillons, grippe, choléra, fièvre jaune, varicelle...
Une chance que je peux les éviter grâce à la vaccination.

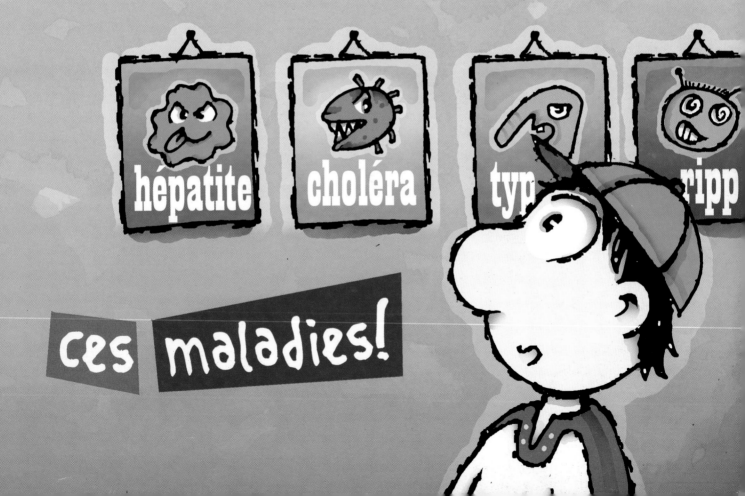

ces maladies!

PERSONNE N'AIME LES PIQÛRES. C'EST NORMAL. LE VACCIN EST CONTENU DANS UNE SERINGUE MAIS POUR L'INJECTER, IL NE FAUT QUE QUELQUES SECONDES. L'INFIRMIÈRE OU LE MÉDECIN QUI TE VACCINE SAIT COMMENT S'Y PRENDRE POUR NE PAS TE FAIRE MAL. ILS ONT L'HABITUDE. ILS ONT DÉJÀ VACCINÉ DES MILLIERS D'ENFANTS.

Et pour éviter les multiples piqûres, il y a souvent plusieurs vaccins en même temps dans la seringue.
C'est une bonne idée, non ?

Même si j'ai peur d'avoir mal, je dois aider la personne qui me vaccine. J'évite de bouger et je garde mon bras tout mou, sans le crisper. En quelques secondes tout sera fini et ça ira mieux après.

Pourquoi doit-on se faire vacciner ?

- PLUS IL Y A DE GENS VACCINÉS ET MOINS DE CHANCES TU AS D'ÊTRE EN CONTACT AVEC LA MALADIE.

- SI TU ES VACCINÉ, TU NE RISQUES PAS DE DONNER TON MÉCHANT MICROBE À TES AMIS.

- CERTAINES PERSONNES NE PEUVENT PAS RECEVOIR DE VACCINS PARCE QU'ELLES SONT DÉJÀ TRÈS MALADES OU ALLERGIQUES. SI TU ES VACCINÉ, TU NE PEUX PAS LES CONTAMINER. TU ES COMME UN BOUCLIER POUR EUX.

- MÊME SI CERTAINES MALADIES ONT PRESQUE DISPARU DANS TON PAYS, CE N'EST PAS PAREIL PARTOUT. LES MICROBES VOYAGENT COMME DES PASSAGERS CLANDESTINS ET ILS PEUVENT TE RETROUVER, MÊME SI TU CROIS ÊTRE BIEN À L'ABRI.

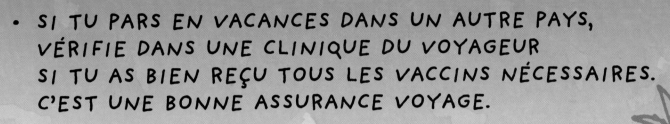

- SI TU PARS EN VACANCES DANS UN AUTRE PAYS, VÉRIFIE DANS UNE CLINIQUE DU VOYAGEUR SI TU AS BIEN REÇU TOUS LES VACCINS NÉCESSAIRES. C'EST UNE BONNE ASSURANCE VOYAGE.

- SI TU ES EN BONNE SANTÉ ET SI TU MANGES BIEN, C'EST FORMIDABLE, MAIS CE N'EST PAS SUFFISANT POUR TE PROTÉGER DES MALADIES CONTAGIEUSES ET CELA NE REMPLACE PAS LES VACCINS.

Si je dois recevoir un vaccin à l'école, à l'hôpital, dans une clinique ou au bureau de mon médecin préféré :

- Je comprends que c'est nécessaire, même si ce n'est pas vraiment agréable.
- Je préfère être vacciné plutôt qu'être malade.
- J'essaie d'avoir du courage pendant quelques secondes.
- Je ne fais pas une crise de hurlements qui embêtera tout le monde.

- Je ne bouge pas lorsque je reçois mon vaccin.
- Je me rends compte que j'ai eu plus de peur que de mal.

Tu es bien protégé maintenant.

Direction éditoriale et artistique : Angèle Delaunois
Édition électronique : Hélène Meunier
Révision linguistique : Marie-Ève Guimont

© 2007: Angèle Delaunois et François Thisdale et les Éditions de l'Isatis

Dépôt légal : 2e trimestre 2007
Bibliothèque nationale du Québec
Bibliothèque nationale du Canada
Éditions de l'Isatis inc

Nos plus sincères remerciements à Rinda Hartner, B. Sc. et Ginette Potvin, B. Sc. infirmières en milieu scolaire, pour leur gentillesse, leur empathie, leur fine connaissance de la thématique et leur temps.

Catalogage avant publication de Bibliothèque et Archives Canada

Delaunois, Angèle

    Un vaccin pourquoi faire?
    (Ombilic ; n° 9)
    Pour enfants de 4 à 8 ans.

    ISBN 978-2-923234-28-1

    1. Vaccination - Ouvrages pour la jeunesse. 2. Vaccins - Ouvrages pour la jeunesse. 3. Maladies infectieuses - Prévention -
Ouvrages pour la jeunesse. I. Thisdale, François, 1964- . II. Titre. III. Collection.

    RA643.D44 2007   j614.4'7   C2007-940400-6

SODEC
Québec ::   Nous remercions le Gouvernement du Québec
Programme de crédit d'impôt pour l'édition de livres – Gestion SODEC

Conseil des Arts Canada Council Nous remercions le Conseil des Arts du Canada de l'aide
du Canada   for the Arts   accordée à notre programme de publication.

ÉDITIONS DE L'ISATIS

4829, avenue Victoria
MONTRÉAL - H3W 2M9
www.editionsdelisatis.com
imprimé au Canada

Distributeur au Canada : Diffusion du livre Mirabel